Andrea Gutzeit, Margarete Nowag

Einfach kochen!

Andrea Gutzeit, Margarete Nowag

Einfach kochen!

Schritt für Schritt

Rezepte und Ernährungs-Wissen in Bildern
und Leichter Sprache

maudrich

© Europäisches Logo für einfaches Lesen:
Inclusion Europe
Weitere Informationen unter leicht-lesbar.eu

Bibliografische Information der Deutschen Nationalbibliothek
Die Deutsche Nationalbibliothek verzeichnet diese Publikation in der Deutschen Nationalbibliografie; detaillierte bibliografische Daten sind im Internet über http://dnb.d-nb.de abrufbar.

Facultas Verlags- und Buchhandels AG, Wien, Österreich
Bildnachweis: Grafiken Mahlzeitenteller, Trinkpyramide: © Margarete Nowag/S. 27: © pixabay/ Fotos Infoteil: © fotolia.com/Grafiken Rezeptteil: © Victor – istockphoto.com/Rezeptfotos und Kräuterfoto S. 26: © Andrea Gutzeit
Satz: SOLTÉSZ
Druck: finidr
Printed in the E.U.
ISBN 978-3-99002-079-1

Inhalt

Vorwort

Einfach kochen – Schritt für Schritt!

Wir laden Sie mit diesem Buch zum selber Kochen ein!
Jeder Arbeitsschritt wird in Bildern dargestellt
und mit wenig Text beschrieben.

Wir geben Tipps zum Einkaufen und zeigen Tricks
aus der Küche.

Wir informieren über gesunde Ernährung.
Was braucht unser Körper?
Was macht uns satt?
Was hält uns gesund?
Wie genießen wir?

Viele Rezepte wurden von Menschen mit Behinderung ausprobiert.
Andere haben den Theorie-Teil gelesen.

So haben wir wertvolle Anregungen erhalten.
Insbesondere bedanken wir uns bei unseren Lektor*innen mit Behinderung. Das sind Martina*, Madeleine* und Christine Baumann.

Diese Anregungen finden sich im Kochbuch wieder.
Dafür sind wir sehr dankbar.

Wir wünschen uns, dass selber Kochen einfach gelingt.

Viel Spaß beim Kochen!
Andrea Gutzeit und Margarete Nowag

---

*Nachname soll nicht genannt werden

Gut für jeden Tag

Das Essen genießen!

- Vor den Mahlzeiten 1 Glas Wasser trinken
- Sich Zeit nehmen für das Essen
- Genuss braucht Ruhe: Fernseher, Handy, Telefon ausschalten
- Langsam essen
- Gut kauen
- Schmecken und genießen
- Wenn man möchte: ein kleiner Nachschlag
- Zwischen den Mahlzeiten trinken
- Alkohol und Süßigkeiten sind etwas Besonderes

Viel trinken!
Mineralwasser, Tee und Kaffee ohne Zucker.
Am besten abwechseln.
Man kann lernen, Durst zu spüren. Das ist hilfreich.

Tipp 1: Vor jeder Mahlzeit 1 Glas Wasser trinken!
Tipp 2: Bei Durst sofort Wasser trinken!

Viel Gemüse und Salat essen!

- 4–6 Hände am Tag
- Gemüsesorten und Salate abwechseln
- Gemüse liefert uns Vitamine, Mineralien und Ballast-Stoffe

Hülsenfrüchte einplanen!
Hülsenfrüchte sind: Linsen, Erbsen, Kichererbsen, Kidneybohnen und Bohnen.
Hülsenfrüchte sind gesund.
Sie enthalten wichtige Vitamine und Mineral-Stoffe.
Sie haben Eiweiß und Fett.
Ihre Ballast-Stoffe sättigen uns lange.

Obst essen!

- 2 Stück am Tag
- Sorten abwechseln

Gut: Obst enthält Vitamine.
Zum Beispiel Vitamin C.
Nicht so gut: Obst enthält viel Fruchtzucker.

Kohlenhydrate: 2 Mal am Tag
Brot, Nudeln, Reis, Kartoffeln!
Brot und Brötchen, Nudeln und Reis sind aus Getreide.

Es gibt verschiedene Getreide-Sorten.
Zum Beispiel Dinkel, Gerste, Hafer, Hirse, Mais, Reis, Roggen, Weizen, Quinoa.
Vollkorn-Getreide ist ratsam.

Manche Getreide-Sorten werden als Mehl angeboten.
Weißes Mehl enthält weniger Mineral-Stoffe (Typ 405).
Dunkles Mehl enthält mehr Mineral-Stoffe (Typ 1050).
Diese Zahlen stehen auf der Verpackung.

- Getreide enthält Stärke, Mineralien, ein wenig Fett und Eiweiß.
- Kartoffeln enthalten Stärke, Eiweiß und Vitamine.
- Stärke braucht der Körper nur wenig.

Nudeln, Reis, Kartoffeln und weißes Mehl enthalten Stärke.
Sie beeinflussen den Blut-Zucker schneller.
Sie sättigen kürzer als Gemüse mit pflanzlichem Öl und Eiweiß-Trager.

Eiweiß in Lebensmitteln macht satt und beweglich!
Darin steckt Eiweiß:

- Wir werden satt mit einem Gemisch aus Gemüse, Eiweiß und Fett.
- Eiweiß baut Muskeln auf. Wir brauchen Muskeln für Bewegung und Arbeit.
- Muskeln sind wichtig für ein gesundes Körper-Gewicht.

Fett in Nüssen und Ölen ist wichtig!
Nüsse sind gute Fett-Träger.
Sie enthalten Vitamine, Mineralstoffe und Eiweiß.
Nüsse wie Walnüsse oder Cashews machen Salate knackig.

Vorsicht: Viele Kalorien!
100 g (zwei mittelgroße Hände) haben 600 Kalorien.

Pflanzen-Öle sind reich an wichtigen Fettsäuren.
Wir empfehlen Raps-Öl, Sonnenblumen-Öl und Oliven-Öl.
Sie sind gut zum Kochen.
Walnuss-Öl und Lein-Öl sind besonders gute Öle.
Sie dürfen nur kalt gegessen werden.

Diese Fette machen dick:

Besser magere als fette Sachen essen:

- An der Wurst-Theke und Käse-Theke nach dem Fett-Gehalt fragen
- Auf die Verpackung schauen oder fragen
- Schweine-Fleisch ist oft fettreich, Geflügel ist fettärmer
- Milch und Milch-Produkte in mittlerer Fettstufe (1,5 %) sind gut
- Käse in einer Fettstufe bis 45 % wählen
- Butter oder Margarine dünn auf das Brot streichen
- Tomaten-Mark, Senf, Frischkäse oder Meer-Rettich können Butter ersetzen
- Pflanzen-Öle für Salate, für Gemüse und zum Braten

Tipp:
Sonnenblumen-Öl oder Raps-Öl zum Anbraten
Oliven-Öl für den Salat

Tipp:
Nicht empfehlenswert sind Produkte mit der Aufschrift Light, Fettreduziert, Diät.
Diese Produkte enthalten oft viele Konservierungs-Stoffe und weitere Zusatz-Stoffe. Die sind nicht gesund.

Vorsicht mit Fast Food!

Fast Food sind zum Beispiel Pommes, Hot Dog, Burger, Pizza.
In Fast Food steckt meistens Zucker und Fett.

Vorsicht mit Zucker!

Zucker schadet der Gesundheit. Er ist schlecht für die Figur und für die Zähne.
Darin steckt Zucker:

Tipps zum Naschen

- Täglich 1 Handvoll Süßes essen
- Eine schöne kleine Schale in Handgröße als Maß nutzen
- In Ruhe genießen

Meine Ideen zum Naschen und Knabbern:

Anders süßen!

Honig

- Honig ist süßer als Zucker
- Enthält Fruchtzucker
- Achtung: Hat mehr Kalorien als Zucker

Ahornsirup

- Ahornsirup ist ein Saft aus Kanada
- Hat einen intensiven Geschmack
- Ist eine gute Abwechslung zu Zucker
- Enthält weniger Kalorien als Honig
- Wichtig: Auf der Flasche sollte „Bio“ stehen

Süß-Stoffe

- Süß-Stoffe werden chemisch hergestellt
- Sie enthalten keine Kalorien
- Achtung: Sie können Hunger auf Süßes machen

Was ist gesund? Wie viel ist gesund?

Die Lebensmittel-Pyramide

Die Pyramide hat verschiedene Stufen.
Die Stufen werden nach oben schmäler.
Von den oberen Stufen essen wir wenig. Es heißt: Wir essen „maßvoll".
Von den unteren Stufen können wir uns satt essen.

Die **Spitze der Pyramide** zeigt Chips, Weißmehl, Zucker und Alkohol.

Die **zweite Stufe** sind **Kohlenhydrate**. Kohlenhydrate sind aus Getreide. Vollkorn-Getreide ist ratsam. Dazu zählen Brot, Brötchen, Müsli, Nudeln, Reis, Mais, Kartoffeln und Mehl.

Die **dritte Stufe** sind **Eiweiß-Träger**. Zum Beispiel Hülsenfrüchte und Nüsse. Aber auch Fleisch, Fisch, Ei, Geflügel, Milchprodukte und Käse.

Die **Basis** der Lebensmittel-Pyramide sind Gemüse, Salate, pflanzliches Öl und Obst. Davon können wir reichlich essen.

Genuss

Genuss ist ein guter Grund zu essen!

Genuss ist Wohl-Befinden.
Essen und Trinken kann ein Genuss sein.
Musik hören oder an Blumen riechen ist ein Genuss.
Körperliche Nähe kann auch ein Genuss sein.

Es gibt Genuss-Mittel: Kräuter und Gewürze, Kakao und Schokolade.
Bestimmte Stoffe darin lassen uns den Genuss spüren.
Sie wecken angenehme Gefühle.

Das Gegenteil von Genuss ist Verzicht oder auch Ekel.
Verzicht ist **auf Dauer** nicht gesund!
Manchmal ist Verzicht aber notwendig: bei Krankheit oder Unverträglichkeiten.

Köstliches und gesundes Essen ist Genuss!

Was braucht es dazu?

- Langsam essen
- Die schönen Farben der Speisen sehen
- Riechen und schmecken
- Frische Zutaten und Kräuter verwenden
- Lieblings-Speisen abwechseln
- Lieblings-Gerichte mit anderen Beilagen kochen
- Wenig Ablenkung beim Essen: Handy und Fernseher ausschalten

Genuss braucht Zeit!

Tipps zum langsamen Essen

1. Den Tisch decken und am Tisch essen.
2. Vor dem Essen ein Glas Wasser trinken.
3. Kleine Portionen nehmen. Nur einmal nachnehmen.
4. Das Besteck zwischendurch weglegen.
5. Zwischendurch zurücklehnen und tief durchatmen.

Der Mahlzeiten-Teller

Der Mahlzeiten-Teller zeigt 3 Teile. In der Mitte ist ein Herz aus Hülsen-Früchten. 2 Teile sind gleich groß. Das sind die Kohlenhydrate und die Fett-Träger und Eiweiß-Träger.
Wir wählen je nach Mahlzeit ein Lebensmittel aus jedem Teil.
Die Hälfte vom Teller ist Gemüse und ein wenig Obst.

Gesund und ausgewogen durch den Tag!

Wir essen viel Gemüse.

Wir essen weniger Zucker.

Wir essen weniger Fette vom Tier.

Wir brauchen täglich pflanzliche Fette.

Gemüse und Obst

- Reichlich Gemüse und zweimal täglich Obst
- Mit pflanzlichen Ölen werden alle Vitamine aufgenommen

Kohlenhydrate

- Mehr Vollkorn, weniger Zucker
- Kartoffeln, Reis, Vollkorn-Nudeln, gemischte Brot-Sorten, Basis-Müsli ohne Zucker, Trockenobst

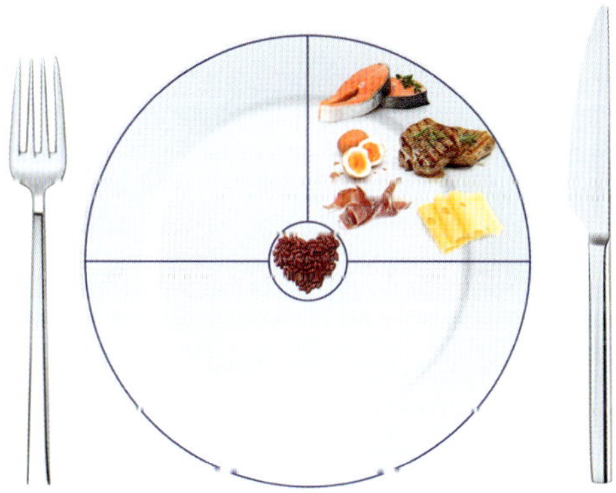

Fett- und Eiweißträger

Fisch, Fleisch, Wurst, Eier und Milchprodukte enthalten Eiweiß und Fett.
Die Mischung aus Fett und Eiweiß macht uns satt.
Die richtige Auswahl hält uns gesund.

Mahlzeiten-Rhythmus

Wir können unser Essen und Trinken auf 3 bis 5 Mahlzeiten am Tag verteilen.
Regelmäßige Mahlzeiten halten uns satt.
Sie lassen die Portionen nicht groß werden.

So könnten die Mahlzeiten-Teller aussehen:

Die Getreidemahlzeit als Frühstück oder kleine Zwischenmahlzeit

Die Brotmahlzeit als Frühstück oder kleine Zwischenmahlzeit

Die Mittags-Mahlzeit

Die Abend-Mahlzeit ohne Kohlenhydrate
Wir empfehlen die Abend-Mahlzeit ohne Brot, Kartoffeln, Reis und Nudeln!

Viele kleine Mahlzeiten sollen eine Ausnahme bleiben.
Ständig essen ist für den Körper anstrengend.
Unsere Verdauungs-Organe müssen dauernd arbeiten.
Das Gefühl für Hunger und Sättigung geht verloren.

Wann habe ich Hunger? Wann bin ich satt?

Beim Essen gibt es verschiedene Gefühle und Empfindungen:
Wir unterscheiden Hunger, Appetit, Sättigung und Völle-Gefühl.
Wie unterscheiden sie sich?

Hunger
Mein Bauch knurrt, ich habe schlechte Laune, ich kann mich nicht konzentrieren

Appetit
Ich habe Lust auf Essen, ich genieße mein Essen, ich beschäftige mich mit Essen

Sättigung
Ich bin satt, ich bin zufrieden

Völle-Gefühl
Mein Bauch dehnt sich, ich habe Bauchweh, mir ist übel, ich habe ein schlechtes Gewissen

Die Satt-Macher im Körper

Diese **Eiweiß-Träger** machen uns satt:
Quark, Joghurt, Buttermilch, Käse

Diese **Fette** machen uns satt:
Nüsse, Avocado, Fisch,
Oliven, pflanzliche Öle

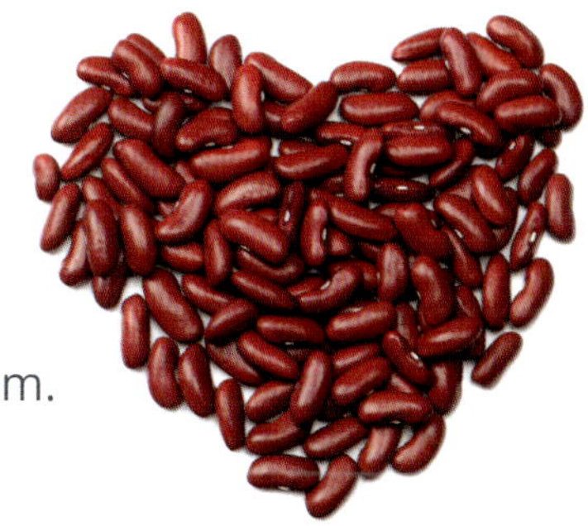

Diese **Kohlenhydrate** machen uns satt:
Hülsenfrüchte, Salat und Gemüse mit Dressing
Diese Kohlenhydrate beeinflussen den Blutzucker kaum.

Die Satt-Macher für die Seele

Essen ist nicht nur Nahrungs-Aufnahme!
Essen erfüllt oft einen seelischen Zweck: Zum Beispiel Lust, Freude, Ablenkung, Beruhigung.
Essen kann glücklich machen.
Essen kann ablenken von Langeweile, Frust, Wut und Ärger.
Essen kann Beschäftung sein.
Essen kann Belohnung sein.
Essen kann Beruhigung oder Entspannung sein.
Dann macht Essen oft krank oder dick.

Was tun?

- Mit einem anderem Menschen darüber sprechen
- Bewegung drinnen und draußen
- Eine neue schöne Beschäftigung entdecken

Eigene Ideen:

Gesunde Getränke

Die Getränke-Pyramide

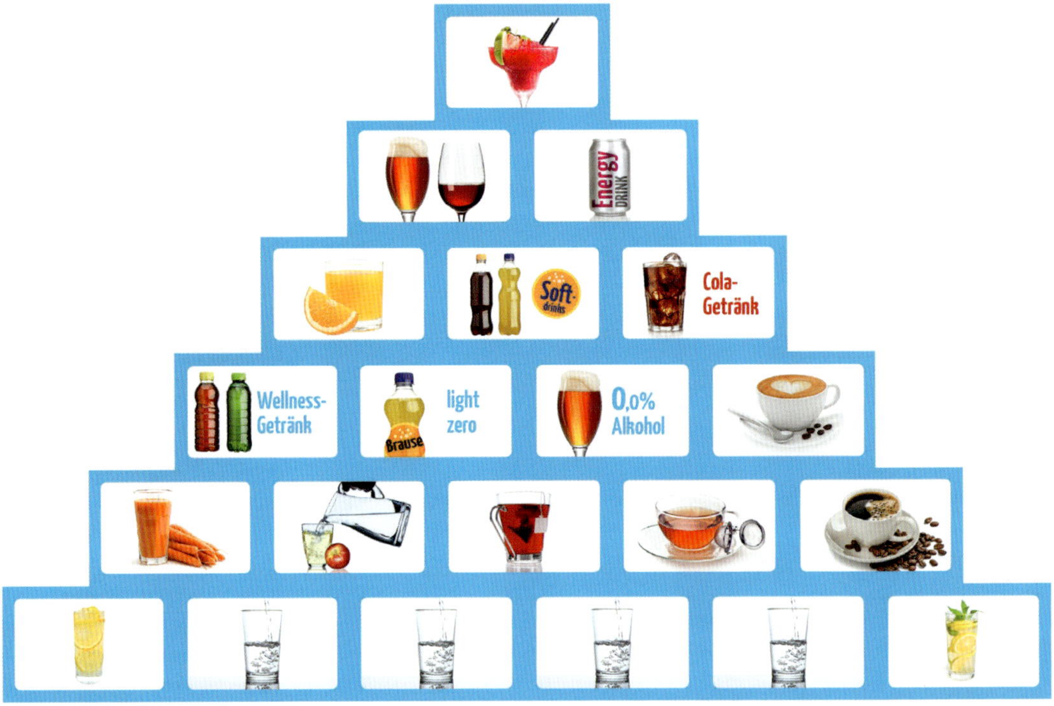

Trinken und Getränke

Die Trink-Pyramide zeigt viele Getränke.
Unser Körper braucht mindestens 1,5 Liter täglich.

Kaffee besteht aus Wasser und gemahlenen Kaffee-Bohnen.
Wir können Milch und Zucker dazu nehmen.
Milchkaffee enthält viel Milch.
Cappuccino ist Milchkaffee mit aufgeschlagener Milch.
Beide können auch sättigend sein!

Tee gibt es in sehr vielen Geschmacks-Richtungen.
Früchtetee eignet sich auch als Eistee.
Er wird abgekühlt und mit wenig Zucker verrührt.

Mineral-Wasser und Leitungs-Wasser sind gut!
Manche mögen Wasser nicht so gern:
Dann empfehlen wir eine Schorle mit gutem Obstsaft.
Eine Schorle kann 1 Teil Saft und 2 Teile Wasser enthalten.
Mit Eiswürfeln ist das Getränk sehr erfrischend.

Obstsaft ist Saft aus Orangen, Äpfeln, Birnen oder Beeren.
Vorsicht: Reiner Obstsaft enthält so viel Zucker wie
ein Soft-Getränk!
1 Glas reiner Obstsaft zählt wie 2 Stücke Obst.

Alkoholfreies Bier ist mit **0 % Alkohol** gekennzeichnet.
Es kann erfrischend sein.
Es ist eine gute Lösung für besondere Stunden ohne Alkohol.

Getränke mit Zucker heißen Soft-Getränke oder Soft-Drinks.
Sie enthalten sehr viel Zucker! Der Zucker fließt direkt ins Blut. Der Blutzucker-Spiegel wird beeinflusst.
Dann macht der Zucker im Getränk schnell wieder Lust auf mehr.
Zu viel von diesen Getränken führt zu Übergewicht.

Soft-Getränke gibt es auch mit Süßstoff. Sie heißen Light-Getränke.
Light-Getränke enthalten keinen Zucker. Aber sie sind oft sehr süß und machen auch wieder Lust auf mehr! Man hat dann Lust auf mehr Getränke und auf Süßes. So können auch Getränke ohne Zucker ungesund sein.

Alkohol ist ein Getränk für besondere Momente:

- Feierabend und Wochenende
- Einladungen und Partys
- Geburtstag
- ein schönes Abendessen

!

Alkohol verändert die Menschen: Manche werden lustiger,
manche werden müde, manche werden nervös.
Alkohol und Medikamente sind
nicht gut zusammen.
Alkohol hat viele Kalorien.
Deshalb führt Alkohol auf Dauer
auch zu Übergewicht.

Schorlen, Kaffee, Tee,
Wasser ...
Abwechseln ist gut!

Obst und Gemüse zubereiten
Tipps und Tricks

Vitamine sind empfindlich!

Vitamine sind lichtscheu!

Vitamine sind wasserscheu!

Gemüse

- Gemüse gründlich waschen, aber nicht zu lange.
- Gemüse in kaltem Wasser putzen.
- Nur so viel Salat waschen, wie gegessen wird.
- Erst waschen, dann schneiden.
- Gemüse dünsten, nicht kochen.

Gemüse dünsten
In wenig Fett anbraten.
Dann mit Wasser oder
Brühe aufgießen.
Deckel auf den Topf legen.
Die Temperatur senken
und die Uhr stellen.

Obst

- Obst vorsichtig waschen, am besten in einer Schüssel.
- Obst schneiden nach dem Waschen.
- Obstsalat schneiden kurz vor dem Essen.
- Obst mit Zitrone begießen und abdecken.

Eigene Ideen für Obst und Gemüse:

Fettarm kochen
Tipps und Tricks

Fette machen satt.
Aber zu viel Fett ist ungesund!

- Erst die Pfanne anwärmen.
  Dann mit einem Esslöffel das Öl hinzufügen.
- Zum Anbraten: Raps-Öl, Sonnenblumen-Öl
  Keine Butter und Margarine zum Anbraten.
  Sie verbrennen.
- Gemüse nur in Oliven-Öl oder in anderen Ölen kurz anbraten.
  Dann mit Gemüse-Brühe oder Wasser ablöschen und dünsten.
- Gemüse braucht keine weißen Saucen.
  Gemüse hat viel Eigen-Geschmack!
- Fleisch und Fisch in 3 Schritten vorbereiten:
  - Fleisch abtupfen und würzen
  - Fisch waschen, mit Zitronensaft säuern und salzen
  - Dann heiß anbraten
- Fleisch und Fisch am besten grillen!

Eigene Ideen zum Fettsparen:

Wellness für den Bauch

Bekömmlich kochen

Wellness steht für Gesundheit und Schönheit. Es bedeutet Wohlfühlen und Entspannung.
Auch unser Bauch braucht manchmal etwas Wellness!
Kräuter und Gewürze helfen dabei.

Kräuter und Gewürze

Kräuter und Gewürze sind gut für den Bauch.
Sie lindern Schmerzen und beruhigen.
Sie wirken gegen Bakterien. Sie stoppen Entzündungen.
Sie können auch die Verdauung fördern.

Kräuter und Gewürze verwenden wir zum Kochen.
Es gibt sie auch in Form von Tee.

Bei Bauchschmerzen:	Gegen Blähungen:	Bei aufgeblähtem Bauch:
• Fenchel • Kamille • Anis • Kümmel • Pfefferminze • Melisse	• Fenchel • Anis • Koriander • Kümmel • Ingwer	• Kümmel • Fenchel • Thymian • Salbei

Gut kochen

Beim Kochen werden Lebensmittel gegart.
Es gibt verschiedene Gar-Methoden. Manche Gar-Methoden bekommen unserem Bauch besser als andere.

Gute Zubereitung:	Nicht so gute Zubereitung:
• Kochen • Dünsten • Garen mit Wasserdampf	• Braten • Frittieren • Schmoren • Anbraten und Ablöschen

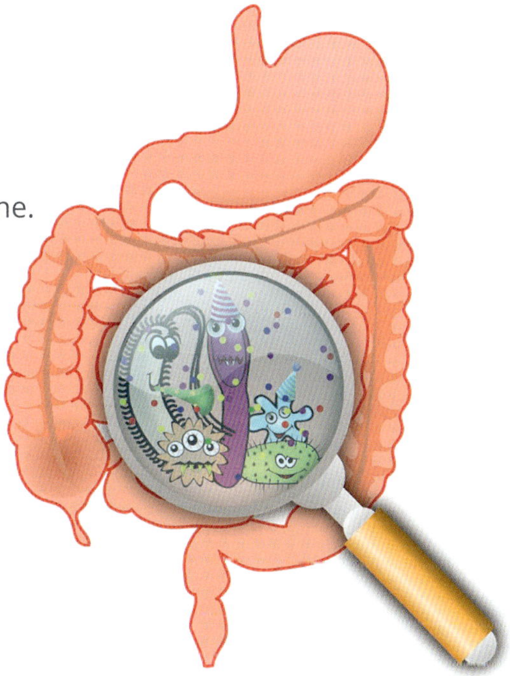

Die guten Bakterien im Darm

In unserem Darm leben viele Bakterien-Stämme.
Bakterien sind sehr kleine Lebewesen.
Viele von ihnen sind nützlich.
Sie unterstützen den Darm.
Sie stärken unsere Abwehr in ihrer Arbeit gegen die Krankheit.

Man bezeichnet sie als unsere **Darmflora**.

Wie können wir sie unterstützen?

- Viel Gemüse und Vollkornprodukte essen.
  Sie liefern uns Ballaststoffe. Ballaststoffe sind Nahrung für unsere Darmbakterien.
  Wichtig: Viel trinken!

- Sauermilch-Produkte wirken positiv auf unsere Darmflora.
  Sauermilch-Produkte sind: **Naturjoghurt**, Kefir, Buttermilch, Ayran, Molke
  Sie enthalten gute Bakterien. Die sind unsere „erwünschten" Darmbewohner.

Meine Vorratskammer

Getränke

- Teesorten: Kräutertee, Früchtetee, grüner Tee, schwarzer Tee
- Kaffee: Bohnenkaffee gemahlen, Espresso
- Wasser ohne/mit Kohlensäure
- Direktsaft: Apfel, Orange, Multi-Vitamin (für Schorlen)

Grund-Nahrungsmittel

- Kartoffeln, Reis, verschiedene Nudeln
- Couscous, Mais, Hirse, Bulgur
- Maisstärke, Kartoffelstärke, Paniermehl
- Weizenmehl (Typ 405), Vollkorn-Weizenmehl (Typ 550), Dinkelmehl
- Vollkornbrot oder Mischbrot, Knäckebrot, Vollkorn-Toastbrot, Zwieback, Salzstangen, Reiswaffeln
- Hafer-Flocken

Fette, Öle, Nüsse

- Pflanzen-Öle: Raps-Öl, Sonnenblumen-Öl oder Distel-Öl, Oliven-Öl für Salate
- Streich-Fette: Margarine mit vielen ungesättigten Fettsäuren, Butter
- Nüsse: Cashews, Walnüsse, Pistazien; Nuss-Mischung, Kerne für den Salat
- Kerne: Sonnenblumen-Kerne, Kürbis-Kerne

Gemüse, Obst

- Hülsenfrüchte (Erbsen, Linsen, Kidney-Bohnen)
- Zwiebeln und Knoblauch
- Konserven und Tetrapack: Passierte Tomaten, Tomaten in Stücken, Mais, Thunfisch in Wasser, Gurken, Rote Bete im Glas
- Obst nach Saison, Zitronen
- Oliven, Peperoni

Äpfel und Bananen getrennt lagern!
Äpfel lassen anderes Obst schneller reifen.

Milchprodukte

- Milch, Joghurt, Quark, Buttermilch (Halbfett-Stufe und bei Bedarf laktosefrei)
- Haltbar-Milch und Haltbar-Sahne als kleiner Vorrat
- Frischkäse, Käse (bis 45 %), Parmesan

Info: Je weicher und cremiger ein Käse, umso mehr Fett ist enthalten.

Achtung: Die Herkunft und die Tierhaltung sind wichtig!

Eier, Fisch, Fleisch

- Magere Wurstwaren, Fleisch, Fisch nach Bedarf, auch Tiefkühl-Fisch

Süßungsmittel

- Zucker, Honig, Ahornsirup
- Stevia ausprobieren
- Konfitüre, Marmelade, Pflaumen-Mus: weniger Zucker, mehr Frucht

Für Brot-Aufstriche

- Senf, Tomatenmark, Chutneys, Soja-Sauce, Pesto

Gewürze und Kräuter

- reine Gewürze und Kräuter, möglichst Bio-Gewürze

Lagerung im Kühlschrank

- 6 Eier (1 Packung)
- 1 Liter frische Milch
- 200 Gramm Käse
- Parmesan-Käse zum Reiben
- 250 Gramm Quark
- Natur-Joghurt
- 1 Becher saure Sahne oder Schmand
- 1 Becher Schlagsahne
- 1 Paket Butter oder Margarine
- Wurstwaren: gekochter Schinken, Geflügelwurst, fettarme Schinkenwürfel, Rindersalami
- Frisches Gemüse

Lagerung im Tiefkühlfach

- Tiefkühl-Gemüse der Jahreszeit
- 1 Fertig-Gericht ohne Konservierungsstoffe
- Tiefkühl-Kräuter
- Form für Eiswürfel

Bei den Vorräten: Bitte auf das Haltbarkeitsdatum achten!

Einkaufsliste

- Mineralwasser
- Tee
- Kaffee

- Salat
- Tomaten, Gurke, Paprika

- Gemüse

- Hülsenfrüchte

- Zwiebeln, Knoblauch, Kräuter

- Obst

- Kartoffeln
- Süsskartoffeln

- Nudeln
- Reis

- Brot, Brötchen

- Haferflocken, Müsli

- ◯ Mehl

- ◯ Zucker ◯ Honig

- ◯ Milch ◯ Joghurt, Quark, Schmand

- ◯ Käse ◯ Frischkäse

- ◯ Eier

- ◯ Fleisch, Geflügel

- ◯ Wurstwaren

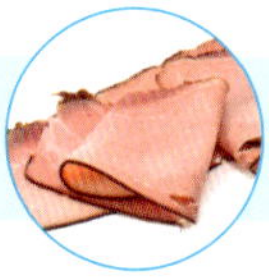

- ◯ Fisch

- ◯ Butter, Margarine ◯ Rapsöl, Olivenöl

- ◯ Nüsse

Rezepte

Wrap

Zutaten:

1 Wrap-Fladen

1 Esslöffel Aufstrich (Schmand passt gut)

3 kleine Tomaten

2 Esslöffel Mais

2 Esslöffel Schafskäse

3 Salat-Blätter

1 Portion

Mitnehmen

Vegetarisch

1. Wrap mit Schmand bestreichen.

2. Die Tomaten waschen und klein schneiden.

3. Tomaten und Mais auf dem Wrap verteilen.

4. Den Schafskäse klein schneiden.

5. Den Schafskäse auch auf dem Wrap verteilen.

6. Die Salat-Blätter waschen und auch auf den Wrap legen.

7. Den Wrap einrollen.

8. Den Wrap durchschneiden.

Der Aufstrich kann auch Butter, Margarine, Frischkäse, Senf, Tomatenmark oder Meerrettich sein. Jeder kann das wählen, was er gerne mag.

Brote kann man gut mitnehmen!
Frischhalte-folie oder eine Brotdose eignen sich zum Mitnehmen.

Grünes Geflügelbrötchen

Zutaten:

1 Vollkorn-Brötchen
1 Teelöffel Aufstrich
(Senf passt gut)
2 Scheiben Puten-Aufschnitt
Ein paar Blätter Salat (zum Beispiel Rucola)
1 Tomate

1 Portion

Mitnehmen

Grünes Geflügelbrötchen

1. Das Brötchen aufschneiden.

2. Beide Hälften mit Senf bestreichen.

3. Die Putenbrust auf die Brötchen-Hälften legen.

4. Die Tomate waschen und in Scheiben schneiden.
Die Tomaten-Scheiben auf das Brötchen legen.

5. Die Salat-Blätter darauflegen.

6. Die Brötchen-Hälften zusammenklappen.

Mozzarella-Toast

Zutaten:

1 Scheibe Vollkorn-Toastbrot
1 Teelöffel Aufstrich
(Margarine passt gut)
½ Kugel Mozzarella
2 Tomaten
4 frische Blätter Basilikum
Salz
Pfeffer

1 Portion

Vegetarisch

Mozzarella-Toast

1. Das Toastbrot toasten.

2. Das Toastbrot mit Margarine bestreichen.

3. Mozzarella in Scheiben schneiden.

4. Die Mozzarella-Scheiben auf das Toastbrot legen.

5. Die Tomaten in Scheiben schneiden.

6. Die Tomaten-Scheiben auf den Mozzarella legen.

7. Mit Salz und Pfeffer bestreuen.

8. Die Basilikum-Blätter darauf legen.

Basilikum

Basilikum frisch verwenden!
Beim Erhitzen verliert es an Aroma.
Das Kraut passt zu Tomaten.
Basilikum gehört zur traditionellen italienischen Küche (zum Beispiel Pizza).
Es ist auch fast immer in Pesto enthalten.

Früchte-Müsli

Zutaten:

1 Stück Obst (zum Beispiel Apfel, Orange, Banane, Birne)
3 Esslöffel Müsli-Mischung (ohne Zucker)
1 kleiner Becher Joghurt (150 ml) (1,5 % Fett)

1 Portion

1. Das Obst waschen. Die Kerne herausschneiden und das Obst klein schneiden.

2. Das Obst in eine Schüssel geben.

3. Das Müsli auch in die Schüssel geben.

4. Milch oder Joghurt darüber verteilen.
Alles gut umrühren.

Haferbrei (Porridge)

Zutaten:

1 Becher Milch (350 ml)
½ Becher Haferflocken
(5 Esslöffel)
1 Teelöffel Honig oder
Ahornsirup
1 Stück Obst (zum Beispiel
Apfel, Orange, Banane, Birne)

1 Portion

1. Milch in den Topf schütten. Haferflocken dazugeben. Alles umrühren.

2. Topf auf den Herd stellen und erwärmen.
Immer wieder umrühren. Dann entsteht ein Brei.

3. Brei in eine Schüssel füllen.

4. In den warmen Brei Honig rühren.

5. Das Obst waschen und klein schneiden.

6. Obst auf den Brei legen und unterrühren.

Spiegelei auf Schinkenbrot

Zutaten:

1 Ei

1 Teelöffel Butter

1 Scheibe Vollkorn-Brot

2 Scheiben magerer Schinken

Gewürz-Gurken

1 Portion

1. Brot mit dem Schinken belegen.

2. Pfanne auf den Herd stellen. Butter in die Pfanne geben und bei mittlerer Hitze erwärmen.

3. Das Ei aufschlagen und in die Pfanne geben.

4. So lange braten, bis das Eiweiß fest ist.

5. Das Spiegelei auf das Schinken-brot legen.

6. Gewürz-Gurken dazulegen.

Rühnrei auf Lachsbrot

Zutaten:

2 Scheiben Vollkorn-Brot
3 Teelöffel Butter
2 Scheiben Lachs
3 Eier
2 Esslöffel Milch
½ Teelöffel Salz
Pfeffer
Schnittlauch

2 Portionen

1. Brote mit jeweils 1 Teelöffel Butter bestreichen.

2. Lachs auf die Brote legen.

3. Die Eier aufschlagen und in eine Schüssel geben.

4. Milch, Salz und Pfeffer dazugeben und umrühren.

5. Pfanne auf den Herd stellen. 1 Teelöffel Butter in die Pfanne geben und erhitzen.

6. Die Ei-Milch-Mischung in die Pfanne gießen.

7. Das Rührei immer wieder umrühren.

8. Das Rührei ist fertig, wenn das Ei nicht mehr flüssig ist.

9. Das Rührei auf die Brote verteilen.

10. Den Schnittlauch mit einer Schere klein schneiden. Schnittlauch-Stücke auf dem Rührei verteilen.

Schnittlauch

Die Stängel schmecken ein bisschen nach Lauch. Schnittlauch ist reich an Vitamin C. Er passt gut zu Rührei.

Zucchini-Puffer

Zutaten:

3 Zucchini
2 Zwiebeln
2 Eier
75 Gramm Mehl
Salz
Pfeffer
1 Esslöffel Sonnenblumen-Öl
200 Gramm Kräuter-Quark

2 Portionen

1. Zucchini waschen und die Enden abschneiden.

2. Zucchini mit einer Gemüse-Reibe fein raspeln.

3. Zucchini-Raspel auf ein Küchen-Handtuch geben.

4. Den Saft herauspressen und weggießen.

5. Zwiebeln schälen und in sehr kleine Würfel schneiden.

6. Zucchini, Zwiebeln, Eier, Mehl, Salz und Pfeffer in eine Schüssel geben.

7. Alles zu einem Teig verrühren.

8. Öl in der Pfanne erhitzen. Mit einem Esslöffel Teig in die Pfanne setzen und leicht flach drücken.

9. Zucchini-Puffer auf einer Seite ungefähr 3 Minuten braten. Dann umdrehen und auf der anderen Seite auch 3 Minuten braten.

10. Zucchini-Puffer auf Teller legen und Kräuter-Quark dazugeben.

Kürbis-Suppe

2 Portionen

Zutaten:

1 kleiner Kürbis (ca. 1000 g)
(am besten Hokkaido-Kürbis)
2 Karotten
2 Kartoffeln
1 Zwiebel
1 Esslöffel Oliven-Öl
½ Liter Gemüse-Brühe
(500 ml Wasser aufkochen und 2 gehäufte Teelöffel Gemüse-Brühe dazugeben)
1 Esslöffel Schmand
1 Esslöffel Curry-Pulver
1 Teelöffel Salz
Pfeffer
1 Esslöffel Pinienkerne (wenn man mag)

1. Kürbis waschen und in vier große Stücke schneiden.
Die Kerne mit einem großen Löffel entfernen.

2. Die Kürbis-Stücke in kleine Würfel schneiden.

3. Karotten schälen und in kleine Würfel schneiden.

4. Kartoffeln schälen, waschen und in kleine Würfel schneiden.

5. Die Zwiebel schälen und sehr fein schneiden.

6. Einen Topf auf den Herd stellen und auf mittlere Stufe erhitzen.
Öl in den Topf geben.

7. Die Zwiebel im Öl glasig dünsten. Immer wieder umrühren.

8. Das Gemüse dazugeben und ebenso umrühren.

9. Die Gemüse-Brühe dazugießen.

10. Alles 15 Minuten leicht kochen. Danach den Herd ausschalten.

11. Das Gemüse mit einem Pürierstab pürieren.

12. Curry, Salz, Pfeffer und Schmand dazugeben. Umrühren. Suppe auf Teller geben und Pinienkerne darüber streuen.

Kartoffel-Suppe mit Würstchen

Zutaten:

500 Gramm Kartoffeln
1 Stange Porree
2 Karotten
1 Zwiebel
¾ Liter Wasser
2 gehäufte Teelöffel Gemüse-Brühe (Pulver)
1 Dose Erbsen (ca. 400 Gramm)
2 Wiener Würstchen (aus Geflügel)
1 Esslöffel Oliven-Öl
1 Teelöffel Salz
Pfeffer

2 Portionen

1. Kartoffeln schälen, waschen und in Würfel schneiden.

2. Porree in Ringe schneiden und anschließend gründlich waschen.

3. Karotten schälen, waschen und in Scheiben schneiden.

4. Die Zwiebel schälen und in kleine Würfel schneiden.

5. Einen Topf auf den Herd stellen und auf mittlerer Stufe erhitzen. Öl in den Topf geben.

6. Zwiebeln, Karotten, Kartoffeln und Porree in den Topf geben. Alles umrühren.

7. Wasser dazugeben. Das Gemüse soll mit Wasser bedeckt sein.

8. Alles aufkochen. Die Gemüse-Brühe (Pulver) dazugeben.
15 Minuten kochen lassen.

9. Die Dose Erbsen öffnen. Das Wasser abgießen und die Erbsen in den Topf geben. Alles noch einmal aufkochen.

10. Die Suppe vom Herd nehmen und pürieren.

11. Die Würstchen klein schneiden und in die Suppe geben. Noch einmal aufkochen.

12. Mit Salz und Pfeffer würzen.

Chili con Carne

Zutaten:

1 große Zwiebel
1 kleine Knoblauchzehe
1 Esslöffel Öl
1 Teelöffel Cayenne-Pfeffer
½ Teelöffel Kreuzkümmel-Pulver
300 Gramm Hackfleisch vom Rind
1 Dose Tomaten (850 Gramm)
1 Dose Kidney-Bohnen (250 ml)
1 Teelöffel Salz
Pfeffer
Petersilie
1 kleiner Becher Schmand

2 Portionen

1. Zwiebel und Knoblauch schälen.
Zwiebel in kleine Würfel schneiden.
Knoblauch pressen.

2. Öl in einer Pfanne erhitzen.

3. Zwiebel und Knoblauch in die Pfanne geben.
Vorsichtig braten, bis sie weich sind.

4. Cayenne-Pfeffer und Kreuzkümmel auch in die Pfanne geben.

5. Alles 2 Minuten braten und umrühren.

6. Das Hackfleisch in die Pfanne geben.
Ungefähr 5 Minuten weiter rühren.

7. Die Dose Tomaten öffnen.
Die Tomaten in die Pfanne geben.

8. Die Dose Kidney-Bohnen öffnen,
die Flüssigkeit abgießen.
Die Kidney-Bohnen in die Pfanne geben.

9. Alles umrühren. Salz und Pfeffer dazugeben.

10. Das Chili noch 30 Minuten weiter kochen.
Immer wieder umrühren.

11. Die Petersilie waschen und klein hacken.

12. Das Chili auf den Teller füllen und mit Petersilie bestreuen.
Einen Löffel Schmand dazugeben.

Reis-Salat mit Paprika und Thunfisch

Zutaten:

1 Tasse Reis (60 Gramm)
1 Dose Thunfisch im eigenen Saft (150 Gramm)
1 rote Paprika
100 Gramm Mais
2 Lauch-Zwiebeln
2 Esslöffel Oliven-Öl
Saft von 1 Zitrone
1 Teelöffel Salz
etwas Pfeffer

2 Portionen

1. Den Reis zubereiten.
Auf Seite 108 steht das Rezept.

2. Paprika waschen. Die Kerne entfernen.
Paprika in kleine Stücke schneiden.

3. Lauch-Zwiebeln waschen und in kleine Ringe schneiden.

4. Die Dose Thunfisch öffnen und den Saft abgießen.

5. Die Dose Mais öffnen und den Saft abgießen.

6. Reis, Thunfisch, Paprika, Lauch-Zwiebel und Mais in eine Schüssel geben.

7. Die Zitrone durchschneiden und den Saft auspressen.

8. 1 Esslöffel Oliven-Öl, Zitronensaft, Salz und Pfeffer mischen.

9. Die Mischung über den Salat gießen.

10. Den Salat umrühren.

Griechischer Salat

Zutaten:

½ Salat-Gurke
1 rote Paprika
1 gelbe Paprika
2 Tomaten
1 Zwiebel
100 Gramm Schafskäse
100 Gramm schwarze Oliven ohne Kern
Salz und Pfeffer
Saft von ½ Zitrone
2 Esslöffel Oliven-Öl
Oregano (frisch oder getrocknet)

2 Portionen

1. Die halbe Gurke schälen und in Würfel schneiden.

2. Die rote und die gelbe Paprika waschen. Die Kerne entfernen. Beide Paprika in kleine Würfel schneiden.

3. Tomaten waschen und in kleine Stücke schneiden.

4. Die Zwiebel schälen und in Ringe schneiden.

5. Den Schafskäse in Würfel schneiden.

6. Die Oliven klein schneiden.

7. Gemüse, Schafskäse, Oliven und Oregano in eine Schüssel geben.

8. Oliven-Öl, Zitronensaft, Salz und Pfeffer in einer Tasse mischen. Das ist das Dressing.

9. Das Dressing über den Salat gießen und umrühren.

10. Das ist der fertige Salat.

Tomaten-Rucola-Salat

Zutaten:

1 Packung Rucola (125 Gramm)
8 Tomaten
1 Zwiebel
2 Esslöffel Oliven-Öl
1 Esslöffel Balsamico-Essig
50 Gramm Parmesan-Käse
Salz
Pfeffer

2 Portionen

Tipp: Baguette passt gut zum Salat.

1. Rucola waschen und klein schneiden.

2. Tomaten waschen und in kleine Stücke schneiden.

3. Zwiebel schälen und in kleine Würfel schneiden.

4. Alles in eine Schüssel geben.

5. Oliven-Öl, Essig, Salz und Pfeffer mischen. Die Mischung über den Salat gießen.

6. Den Salat umrühren und auf Teller verteilen.
Parmesan über den Salat reiben.

Spinat-Salat mit Orange und Kichererbsen

Zutaten:

200 Gramm frischer Baby-Spinat (junger Spinat)
1 Orange
1 kleine Dose Kichererbsen (400 Gramm mit der Flüssigkeit)
2 Lauch-Zwiebeln
frische Kräuter (zum Beispiel Minze, Petersilie, Koriander)
1 kleiner Becher Joghurt (1,8 % Fett)
1 Esslöffel Oliven-Öl
1 Esslöffel Essig
Salz
Pfeffer

2 Portionen

1. Spinat waschen.
Die Stiele abschneiden und die Blätter klein schneiden.

2. Orange schälen und in kleine Stücke schneiden.

3. Die Dose Kichererbsen öffnen und den Saft abgießen.

4. Lauch-Zwiebeln waschen. Wurzel und trockene Blätter abschneiden. Die Lauch-Zwiebel in kleine Ringe schneiden.

5. Kräuter waschen. Die Stiele entfernen. Die Kräuter klein schneiden.

6. Alles zusammen in eine Schüssel geben.

7. Joghurt, Oliven-Öl und Essig in eine Schüssel geben.

8. Salz und Pfeffer dazugeben und umrühren.

9. Die Sauce über den Salat geben.

10. Den Salat umrühren.

Petersilie

Glatte Petersilie ist aromatischer als krause.
Petersilie ist eines der gesündesten Kräuter, regional und preiswert!
Petersilie enthält viel Vitamin C. Das wirkt belebend.

Italienischer Nudelsalat

Zutaten:

100 Gramm Spiral-Nudeln
8 Tomaten
125 Gramm Mozzarella
½ Bund Basilikum (4 Zweige)
1 Esslöffel Oliven-Öl
2 Esslöffel Balsamico-Essig
Salz
Pfeffer

2 Portionen

1. Die Nudeln kochen.
Auf Seite 97 steht das Rezept.

2. Tomaten waschen und in kleine Würfel schneiden.

3. Mozzarella abgießen und in kleine Würfel schneiden.

4. Basilikum-Blätter abzupfen.
Die Blätter in kleine Streifen schneiden.

5. Alles in eine Schüssel geben.

6. Oliven-Öl, Balsamico-Essig, Salz und Pfeffer vermischen.
Die Sauce über den Salat geben und umrühren.

Salat mit Hähnchenbrust

Zutaten:

1 Kopf Blattsalat
2 Karotten
4 mittelgroße Tomaten
½ Avocado
1 rote Zwiebel
1 kleine Dose Mais
1 Esslöffel Oliven-Öl
2 Esslöffel Essig
2 Teelöffel Honig
Salz
Pfeffer
2 Stück Hühnerbrust
1 Esslöffel Sonnenblumen-Öl

2 Portionen

1. Die Blätter vom Salat abreißen.
Die Blätter waschen und in ein Sieb geben.
Die Blätter klein reißen.

2. Die Karotten schälen. Die Enden abschneiden. Die Karotten raspeln.

3. Die Tomaten waschen und klein schneiden.

4. Die Zwiebel schälen und klein schneiden.

5. Die Dose Mais öffnen.
Das Wasser abgießen.

6. Die Avocado in 2 Hälften teilen.
Mit einem Teelöffel kleine Avocado-Stücke herausnehmen.

7. Alle Zutaten in eine Salatschüssel geben.

8. Oliven-Öl, Essig, Honig, Senf, Salz und Pfeffer verrühren.

9. Das Fleisch waschen, trocken tupfen und halbieren.

10. Öl in einer Pfanne erhitzen. Das Fleisch 5 Minuten auf jeder Seite braten.

11. Die Salatsauce über den Salat geben.
Alles umrühren.

12. Den Salat auf 2 Teller verteilen. Das Fleisch dazugeben. Mit Salz und Pfeffer würzen.

Salat-Bar

Ein Salat kann eine Beilage zu einem Hauptgericht sein.
Ein Salat kann auch eine eigene Mahlzeit sein.
Salat kann sehr unterschiedlich sein.

Jeder kann seinen eigenen Lieblings-Salat zubereiten.
Jeder kann sich aussuchen, was er gerne mag.
Wir stellen hier vor, wie das geht.
Für einen Beilagen-Salat nimmt man eine kleine Schüssel.
Für eine ganze Mahlzeit nimmt man einen großen Teller.

Wir stellen auch verschiedene Salat-Saucen vor.
Sie können sich Ihre Lieblings-Sauce aussuchen.

Das sind mögliche Zutaten:

grüner Salat
Tomaten
Salat-Gurke
Paprika
Karotten
Avocado
Schafskäse
Lauch-Zwiebeln
Zwiebeln
Mais
Kidney-Bohnen
Kichererbsen
gekochtes Ei
Sonnenblumen-Kerne

So kann man die Zutaten zubereiten:

Gekochtes Ei

Zutaten:

1 Ei

1 Portion

Einen kleinen Topf mit Wasser füllen.
Das Wasser zum Kochen bringen.
Das Ei auf einen Esslöffel legen.
Das Ei vorsichtig in das kochende Wasser geben.
10 Minuten lang kochen.

Das Ei mit dem Esslöffel herausnehmen.
Das Ei unter kaltes Wasser halten.
Das Ei schälen.

Joghurt-Sauce I Honig-Senf-Sauce I Öl-Essig-Sauce I Balsamico-Sauce

1. Joghurt-Kräuter-Sauce

Zutaten:

1 EL Oliven-Öl
2 EL Zitronen-Saft
2 EL Joghurt
1 EL gehackte Kräuter
Salz
Pfeffer

2 Portionen

Die Kräuter fein hacken.
Alle Zutaten verrühren.

2. Honig-Senf-Sauce

Zutaten:

1 Esslöffel Oliven-Öl
2 Esslöffel Essig
2 Teelöffel Honig
2 Teelöffel Senf
Salz
Pfeffer

2 Portionen

Alle Zutaten verrühren.

3. Öl-Essig-Sauce

Zutaten:

1 EL Oliven-Öl
3 EL Kräuter-Essig
Salz
Pfeffer

2 Portionen

Alle Zutaten verrühren.

4. Balsamico-Sauce

Zutaten:

1 Esslöffel Oliven-Öl
2 Esslöffel Balsamico-Essig
½ Teelöffel Salz
Pfeffer

2 Portionen

Alle Zutaten verrühren.

So sieht der fertige Salat aus:

Kartoffeln kochen – Pell-Kartoffeln

Zutaten:
500 Gramm Kartoffeln
1 Teelöffel Salz
Wasser

1. Kartoffeln in einen Topf geben.
Salz dazugeben.

2. Wasser dazugeben.
Alle Kartoffeln sollen mit Wasser bedeckt sein.

3. Herd einschalten.
Wenn das Wasser kocht, die Hitze etwas kleiner stellen.

4. Die Kartoffeln 20 Minuten kochen. Kann man mit einer Gabel ganz leicht in die Kartoffel stechen? Dann sind die Kartoffeln gar.

5. Kartoffeln abgießen und abkühlen lassen.

6. Die Kartoffeln schälen.

Kartoffeln kochen – Salz-Kartoffeln

Zutaten:

500 Gramm Kartoffeln
1 Teelöffel Salz
Wasser

1. Kartoffeln schälen und abspülen.

2. In einen Topf geben.
Salz dazugeben.

3. Wasser dazugeben.
Alle Kartoffeln sollen mit Wasser bedeckt sein.

4. Herd einschalten.
Wenn das Wasser kocht, die Hitze etwas kleiner stellen.

5. Die Kartoffeln 20 Minuten kochen. Kann man mit einer Gabel ganz leicht in die Kartoffel stechen? Dann sind die Kartoffeln gar.

6. Die Kartoffeln abgießen.

Pell-Kartoffeln mit Quark

Zutaten:

500 Gramm Kartoffeln
500 Gramm Mager-Quark
1 kleiner Becher Joghurt
(150 ml) (1,5 % Fett)
1 Salat-Gurke
1 Zwiebel
1 Packung Tiefkühl-Kräuter
oder 1 Bund frische Kräuter
2 Teelöffel Salz
etwas Pfeffer

Das geht schnell

2 Portionen

1. Pell-Kartoffeln kochen und dann schälen.
Das Rezept steht auf Seite 84.

2. Zwiebel schälen und in kleine Würfel schneiden.

3. Salat-Gurke schälen und raspeln.

4. Zwiebeln, Quark, Joghurt, Salz und Pfeffer dazugeben.
Alles vermischen.

5. Frische Kräuter waschen und klein hacken. Oder Tiefkühl-Kräuter nehmen: Dann die Packung öffnen.

6. Die Kräuter in den Quark rühren.
Kartoffeln und Quark auf 2 Teller geben.

Pilz-Kartoffel-Pfanne

Zutaten:

500 Gramm Kartoffeln
500 Gramm Champignons
1 Bund Frühlings-Zwiebeln
2 Knoblauch-Zehen
2 Esslöffel Oliven-Öl
Salz und Pfeffer
2 Teelöffel Majoran
2 Esslöffel Creme fraîche mit Kräutern

2 Portionen

1. Pell-Kartoffeln kochen und schälen.
Auf Seite 84 steht das Rezept.

2. Die gekochten Kartoffeln in Scheiben schneiden.

3. Die Champignons putzen. Nicht waschen!
Die Champignons klein schneiden.

4. Frühlings-Zwiebeln waschen und in kleine Ringe schneiden.

5. Knoblauch-Zehen schälen und fein hacken. Oder mit der Knoblauchpresse pressen.

6. Oliven-Öl in der Pfanne erhitzen.

7. Die Champignons in die Pfanne geben.

8. Frühlings-Zwiebeln und Knoblauch dazugeben.

9. Die Kartoffeln dazugeben. Alles zusammen 10 Minuten braten.

10. Mit Salz und Pfeffer würzen. Gut umrühren.

11. Majoran dazugeben. Wieder umrühren.

12. Die Mischung auf 2 Teller verteilen. Einen Esslöffel Creme fraîche dazugeben.

Kartoffel-Auflauf

Zutaten:

500 Gramm Kartoffeln
250 Gramm Rinder-Hackfleisch
1 Zwiebel
1 rote Paprika
1 kleine Dose Mais (150 Gramm)
1 Becher Creme fraîche (leicht) mit Kräutern
1 Ei
100 Gramm geriebener Käse
1 Esslöffel Oliven-Öl
2 Teelöffel Salz
Pfeffer
1 Teelöffel Kreuzkümmel

2 Portionen

1. Pell-Kartoffeln kochen und dann schälen.
Das Rezept steht auf Seite 84.

2. Die Kartoffeln in Scheiben schneiden.

3. Die Zwiebel schälen und in Würfel schneiden.

4. Paprika entkernen und in Würfel schneiden.

5. Öl in der Pfanne erhitzen.

6. Hackfleisch und Zwiebeln darin anbraten. Mit Kreuzkümmel, Salz und Pfeffer würzen.

7. Eine Auflauf-Form mit Öl bestreichen.
Die Hälfte der Kartoffeln in die Form geben.

8. Das Hackfleisch darauf schichten.

9. Die Paprika-Würfel darüber geben.

10. Die Dose Mais öffnen.
Das Wasser abgießen.

11. Mais darüber verteilen.

12. Die restlichen Kartoffeln ganz oben darauflegen.

13. Die Creme fraîche und das Ei verrühren.
1 Teelöffel Salz dazu rühren.

14. Die Creme über die Kartoffeln gießen.

15. Den geriebenen Käse darauf verteilen.

16. Den Backofen auf 200 Grad vorheizen.
Den Auflauf in den Backofen stellen und 30 Minuten garen.

Nudeln kochen

Zutaten:
150 Gramm Nudeln
Wasser
2 Teelöffel Salz

2 Portionen

Verschiedene Nudeln brauchen unterschiedlich lange.
Auf der Packung steht die Koch-Zeit.

1. Einen großen Topf mit Wasser füllen.
Salz dazugeben.

2. Wasser zum Kochen bringen.
Wenn das Wasser kocht:
Die Nudeln hineingeben und umrühren.

3. Auf der Nudel-Packung steht die Koch-Dauer.
Die Nudeln so lange kochen und zwischendurch umrühren.

4. Die Nudeln durch ein Sieb abgießen.

5. Etwas kaltes Wasser über die Nudeln laufen lassen.

Nudeln mit Tomaten-Sauce

Zutaten:

150 Gramm Nudeln
1 große Dose Tomaten
1 Zwiebel
1 Esslöffel Tomatenmark
1 Knoblauch-Zehe
1 Esslöffel Oliven-Öl
Salz
Pfeffer
½ Esslöffel Oregano
2 Teelöffel Kräuter der Provence

2 Portionen

1. Die Nudeln kochen.
Auf Seite 97 steht das Rezept.

2. Die Zwiebel schälen und fein würfeln.

3. Einen Topf auf den Herd stellen. Das Öl darin erhitzen.

4. Zwiebeln und Tomatenmark hineingeben und umrühren. Bei mittlerer Hitze kochen. Die Zwiebel soll glasig sein.

5. Die Dose Tomaten öffnen. Die Tomaten zu den Zwiebeln geben.

6. Salz, Pfeffer und Kräuter der Provence dazugeben.

7. Knoblauch pressen.
Knoblauch und Oregano in die Sauce geben.

8. Alles zusammen 15 Minuten kochen lassen.

Das geht schnell: fertige Nudel-Saucen

Viele Nudel-Saucen gibt es fertig zu kaufen.
Am besten sind Saucen ohne Zucker, ohne Süß-Stoffe und ohne Geschmacks-Stoffe.
Zum Beispiel rotes Pesto oder grünes Pesto. Man kann sie einfach über die Nudeln geben.

Spaghetti Bolognese

Zutaten:

150 Gramm Spaghetti
200 Gramm Rinder-Hackfleisch
1 große Dose Tomaten
1 Knoblauch-Zehe
1 Zwiebel
1 Karotte
1 Esslöffel Oliven-Öl
1 Esslöffel Oregano
1 Teelöffel Thymian
1 Teelöffel Salz
Pfeffer

2 Portionen

1. Die Zwiebel schälen und würfeln. Den Knoblauch auch schälen und fein würfeln.

2. Die Karotte schälen und sehr klein würfeln.

3. Öl in die Pfanne geben und leicht erhitzen.

4. Zwiebel, Knoblauch und Karotte in die Pfanne geben.

5. Alles zusammen glasig dünsten.

6. Das Hackfleisch dazugeben und umrühren.
Alles zusammen anbraten.

7. Die Dose Tomaten öffnen.
Die Tomaten dazugeben und alles umrühren.

8. Salz, Pfeffer, Oregano und Thymian dazugeben.

9. Die Sauce 20 Minuten auf kleiner Flamme kochen lassen.

10. Nudeln kochen.
Auf Seite 97 steht das Rezept.

Brokkoli-Nudel-Auflauf

Zutaten:

100 Gramm Nudeln
800 Gramm Brokkoli
100 Gramm Schinken-Würfel
250 ml Koch-Creme (15 % Fett)
150 Gramm geriebener
Edamer-Käse
Salz
Pfeffer
Curry-Pulver
Muskat

2 Portionen

1. Die Nudeln kochen.
Das Rezept steht auf Seite 97.

2. Die Röschen vom Brokkoli abschneiden.

3. Die Brokkoli-Röschen in einem Sieb waschen.

4. Einen Topf mit 2 Litern Salz-wasser auf den Herd stellen. Brokkoli darin bissfest kochen.

5. Das Wasser abgießen.

6. Nudeln, Brokkoli und Schinken in einer Auflauf-Form vermischen.

7. Kochcreme, Curry, Muskat, Salz und Pfeffer zu einer Sauce vermischen.

8. Die Sauce über den Auflauf gießen.

9. Käse darüber streuen.

10. Im Backofen 20 Minuten bei 180 Grad backen.

Grund-Rezept – Reis kochen

Zutaten:

1 Tasse Reis (60 Gramm)
1 Teelöffel Oliven-Öl
2 Tassen Wasser
1 Teelöffel Salz

2 Portionen

1. Öl in einem Topf erhitzen.

2. 1 Tasse Reis dazugeben und umrühren.

3. Den Reis umrühren und 1 Minute im Öl anbraten.

4. Wasser und Salz dazugeben und umrühren.

5. 10 Minuten kochen.
Danach den Herd ausschalten.
Den Topf von der Platte nehmen.

6. Den Topf 10 Minuten stehen lassen. Der Reis quillt dann noch weiter auf.

Reis aus dem Kochbeutel

1. 1,5 Liter Wasser mit 1 Teelöffel Salz zum Kochen bringen.
Den Beutel hineingeben und 20 Minuten kochen.

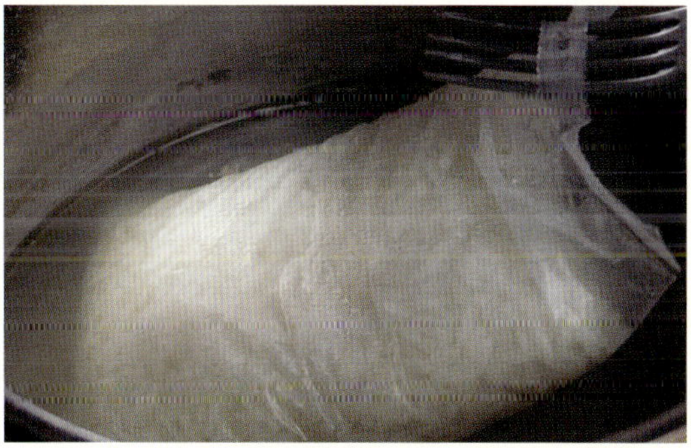

2. Den Beutel mit einer Gabel aus dem Wasser nehmen.
Den Beutel aufschneiden.

Asiatische Gemüse-Pfanne mit Reis

Zutaten:

1 Tasse Reis (60 Gramm)
3 Paprika
1 Zucchini
1 Bund Lauch-Zwiebeln
100 Gramm frische Soja-Sprossen
3 Esslöffel Soja-Sauce
1 Esslöffel Oliven-Öl
Salz

Vegetarisch

2 Portionen

1. Den Reis kochen.
Auf Seite 108 steht das Rezept.

2. Paprika waschen und die Kerne entfernen.
Paprika in Würfel schneiden.

3. Zucchini waschen und die Enden abschneiden. Die Zucchini in Würfel schneiden.

4. Lauch-Zwiebeln waschen. Wurzel und trockene Blätter abschneiden. Die Lauch-Zwiebel in kleine Ringe schneiden.

5. Soja-Sprossen waschen.

6. Oliven-Öl in der Pfanne erhitzen.

7. Paprika in die Pfanne geben und dünsten.

8. Lauch-Zwiebeln, Zucchini und Soja-Sprossen dazugeben.

9. 3 Esslöffel Soja-Sauce und 3 Esslöffel Wasser darüber geben.

10. Das Gemüse bei mittlerer Hitze 10 Minuten weiter garen.

Überbackener Schafskäse

Zutaten:

200 Gramm Schafskäse
2 mittelgroße Tomaten
½ Zucchini
1 Zwiebel
1 Teelöffel Kräuter der Provence
1 Esslöffel Oliven-Öl
10 schwarze Oliven
Salz
Pfeffer
Baguette (wenn man mag)

Vegetarisch

2 Portionen

1. Auflauf-Form mit Oliven-Öl einfetten.

2. Schafskäse aus der Packung nehmen und das Wasser abgießen. Schafskäse halbieren und in die Form legen.

3. Tomaten waschen und in Scheiben schneiden. Tomatenscheiben und über dem Schafskäse verteilen.

4. Zwiebel schälen und in Ringe schneiden.

5. Die Zwiebel-Ringe auf die Tomaten legen. Restliche Tomaten-Stücke auch in die Form geben.

6. Zucchini waschen und die Enden abschneiden. Zucchini in Scheiben schneiden.

7. Die Zucchini-Scheiben über die Zwiebeln geben.

8. Die Oliven halbieren und über die Zucchini verteilen.

9. Salz, Pfeffer und Kräuter der Provence darüber geben.

10. Mit Alufolie abdecken.
Im Backofen 20 Minuten bei 200 Grad backen.

Gnocchi mit Spinat und Tomaten

Zutaten:

400 Gramm Gnocchi (frisch aus dem Kühlregal)
200 Gramm Blattspinat (tiefgefroren)
1 große Tomate
1 Zwiebel
1 Esslöffel Öl
1 Teelöffel Salz
Pfeffer

Vegetarisch

2 Portionen

1. Zwiebel schälen und in feine Würfel schneiden.

2. Tomaten waschen und klein schneiden.

3. Öl in der Pfanne erhitzen.
Die Zwiebel darin leicht anbraten.

4. Tomaten dazugeben und weiter braten.
Spinat, Salz und Pfeffer dazugeben und 10 Minuten kochen.

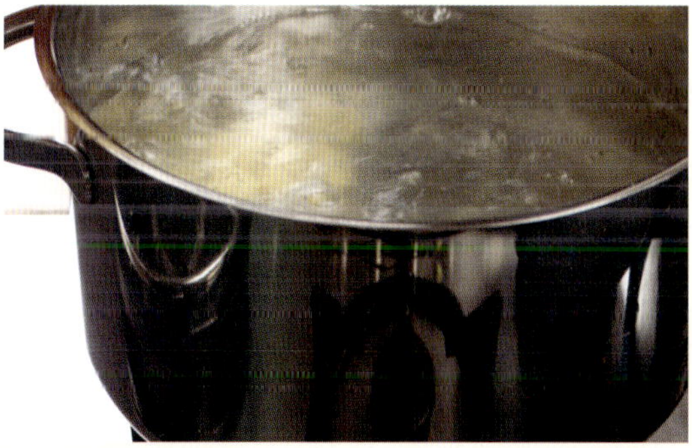

5. 2 Liter Salzwasser zum Kochen bringen.
Die Gnocchi in das Wasser geben und 1–2 Minuten kochen.

6. Die Gnocchi müssen oben schwimmen. Dann sind sie fertig.
Die Gnocchi mit einer Schöpfkelle aus dem Wasser holen.

Gnocchi in Butter-Salbei

Zutaten:

400 Gramm Gnocchi (frisch aus dem Kühlregal)
2 Esslöffel Butter
10 frische Salbei-Blätter
2 Esslöffel Parmesan (gerieben)
1 Teelöffel Salz

Vegetarisch

2 Portionen

1. 2 Liter Salzwasser kochen.
Gnocchi in das kochende Wasser geben und 1–2 Minuten kochen.

2. Die Gnocchi müssen oben schwimmen.
Mit einer Schöpfkelle die Gnocchi aus dem Salzwasser holen.

3. Salbei-Blätter klein schneiden.

4. Den Herd auf kleine Hitze stellen.
2 Esslöffel Butter in einer Pfanne schmelzen.

5. Gnocchi und Salbeiblätter zu der Butter in die Pfanne geben.
5 Minuten braten und umrühren.

6. Gnocchi auf den Teller geben.
Parmesan über die Gnocchi reiben.

Rindergulasch mit Spätzle

Zutaten:

400 Gramm Gulasch-Fleisch
2 Zwiebeln
2 Knoblauch-Zehen
2 rote Paprika
1 kleine Dose Tomaten
1 Esslöffel Sonnenblumen-Öl
Salz
Pfeffer
1 Esslöffel Paprika-Pulver
100 Gramm Spätzle

2 Portionen

1. Zwiebeln schälen und fein würfeln. Knoblauch häuten und fein würfeln.

2. Die Paprika entkernen und in Würfel schneiden.

3. Das Öl in einer Pfanne erhitzen. Das Fleisch kräftig anbraten, immer wieder umrühren.

4. Mit Paprika-Pulver, Salz und Pfeffer würzen und umrühren.

5. Das Fleisch soll auf allen Seiten leicht braun sein. Dann Paprika, Zwiebeln und Knoblauch dazugeben.

6. Die Tomaten dazugeben und umrühren.

7. Gulasch 2 Stunden kochen lassen. Der Deckel muss geschlossen sein.
Es muss immer ausreichend Flüssigkeit in der Pfanne sein.
Sonst 1 bis 2 Tassen Wasser dazugeben.

8. Das Gulasch ist fertig, wenn das Fleisch zart ist.

9. Die Spätzle in Salzwasser kochen.
Man kocht sie wie Nudeln.
Das Rezept steht auf Seite 97.

10. Spätzle und Gulasch auf Teller geben.

Hühner-Curry mit Reis

Zutaten:

1 Tasse Reis (60 Gramm)
300 Gramm Hühnerbrust
1 rote Paprika
1 gelbe Paprika
100 Gramm Zucker-Schoten
3 Lauch-Zwiebeln
150 ml Kokos-Milch
½ Tasse Wasser
1 Esslöffel Sonnenblumen-Öl
1 Esslöffel Curry-Pulver
2 Teelöffel Salz

2 Portionen

1. Den Reis kochen.
Auf Seite 108 steht das Rezept.

2. Das Fleisch waschen und mit Küchen-Papier abtupfen.
Das Fleisch in kleine Würfel schneiden.

3. Beide Paprika waschen und die Kerne entfernen.
Die Paprika in kleine Würfel schneiden.

4. Lauch-Zwiebeln waschen. Wurzel und trockene Blätter abschneiden.
Die Lauch-Zwiebel in kleine Ringe schneiden.

5. Zucker-Schoten waschen.

6. Das Öl in die Pfanne geben und erhitzen.

7. Das Fleisch dazugeben und anbraten.
Immer wieder umrühren.

8. 1 Teelöffel Salz und 1 Esslöffel Curry-Pulver dazugeben.
Umrühren und 2 Minuten kochen lassen.

9. Die Kokos-Milch und die Tasse Wasser dazugeben.

10. Die Paprika und die Lauch-Zwiebeln dazugeben.
Bei mittlerer Hitze 5 Minuten weiter kochen.

11. Zum Schluss die Zucker-Schoten dazugeben.
Noch einmal 8 Minuten kochen.

12. Reis zusammen mit dem Curry auf 2 Tellern anrichten.

Gefüllte Paprika mit Reis

2 Portionen

Zutaten:

2 Paprika
300 Gramm Rinder-Hackfleisch
2 Zwiebeln
1 Knoblauch-Zehe
1 Ei
2 Tomaten
2 Esslöffel Semmelbrösel
¼ Liter Gemüse-Brühe
(250 ml heißes Wasser und 1 gehäufter Teelöffel Gemüse-Brühe-Pulver)
1 Esslöffel Schmand
1 Esslöffel Oliven-Öl
Salz
Pfeffer
1 Teelöffel Chili-Pulver
1 Tasse Reis

1. Paprika waschen und halbieren. Die Kerne entfernen.

2. Auflauf-Form mit Oliven-Öl einfetten.

3. Paprika-Hälften in die Auflauf-Form legen.

4. Zwiebeln und Knoblauch schälen. Zwiebeln in Würfel schneiden, Knoblauch pressen.

5. Hackfleisch, Zwiebeln, Knoblauch, Ei und Semmelbrösel vermischen. Chili-Pulver, Salz und Pfeffer dazugeben.

6. Die Fleisch-Mischung in die Paprika-Hälften füllen.

7. Die Tomate halbieren.
Jeweils eine Tomaten-Hälfte auf das Hackfleisch legen.

8. 250 ml heißes Wasser mit 1 gehäuften Teelöffel Gemüse-brühe vermischen.
1 Esslöffel Schmand unterrühren.

9. Die Mischung in die Auflauf-Form gießen.

10. Im Backofen bei 180 Grad 40 Minuten backen.

11. Inzwischen Reis kochen.
Das Rezept steht auf Seite 108.

12. Die gefüllte Paprika aus dem Ofen holen. Achtung: Die Form ist heiß. Topf-Lappen benutzen.

Minuten-Steak mit Kartoffel-Püree und grünen Bohnen

Zutaten:

250 Gramm Minuten-Steak
300 Gramm Kartoffeln
100 ml Milch
Muskatnuss (gemahlen)
400 Gramm Bohnen (tiefgekühlt)
1 Tasse Wasser
1 Teelöffel Butter
1 Esslöffel Sonnenblumen-Öl
1 Teelöffel Salz
Pfeffer

2 Portionen

1. Salz-Kartoffeln kochen.
Das Rezept steht auf Seite 86.

2. Zu den gekochten Kartoffeln
Milch, Salz und Muskatnuss geben.

3. Alles mit einem Kartoffel-stampfer zu Püree stampfen.

4. Bohnen mit 1 Tasse Wasser,
Butter und Salz vermischen.
Den Herd auf mittlere Stufe stellen.

5. Bohnen 15 Minuten kochen.

6. Öl in der Pfanne erhitzen.
Die Steaks 2 Minuten von einer
Seite braten.

7. Die Steaks mit einer Gabel in der Pfanne umdrehen.
Von der anderen Seite auch 2 Minuten braten.

8. Die Steaks salzen und pfeffern.

9. Die Bohnen aus dem Wasser schöpfen.

10. Bohnen, Steaks und Kartoffel-Püree anrichten.

Brat-Hering mit Brat-Kartoffeln und Gurken-Salat

Zutaten:

2 Brat-Heringe
500 Gramm Kartoffeln
1 Zwiebel
1 Esslöffel Butter-Schmalz
1 Gurke
1 Esslöffel Dill
Majoran
Salz
Pfeffer
1 Esslöffel Oliven-Öl
2 Esslöffel Essig

2 Portionen

1. Pell-Kartoffeln kochen.
Auf Seite 88 steht das Rezept.

2. Die Kartoffeln schälen und in Scheiben schneiden.

3. Die Zwiebel schälen und in kleine Würfel schneiden.

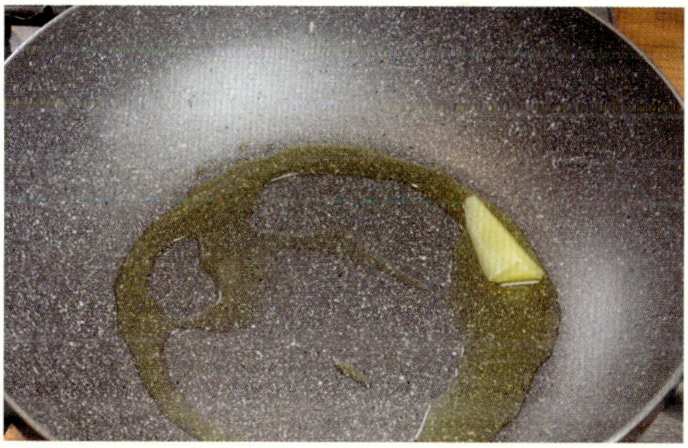

4. Butterschmalz in einer Pfanne erhitzen.

5. Kartoffeln dazugeben.
Sie müssen sich leicht von der Pfanne lösen. Dann wenden.

6. Die ersten Kartoffeln werden braun. Jetzt Zwiebel, Majoran, Salz und Pfeffer dazugeben. Noch einige Minuten weiter braten.

7. Gurke schälen und in Scheiben schneiden.
Gurke in eine Schüssel geben

8. Aus Öl, Essig, Salz, Pfeffer und Dill eine Salat-Sauce machen.

9. Die Sauce über die Gurken geben.

10. Brat-Hering, Brat-Kartoffeln und Gurken-Salat auf Teller geben.

Lachs-Filet auf Spinat mit Reis

Zutaten:

60 Gramm Reis
300 Gramm Spinat (tiefgekühlt)
1 Zwiebel
2 Tomaten
2 Lachs-Filets
2 Esslöffel Zitronen-Saft
1 Esslöffel Oliven-Öl
Salz
Pfeffer

2 Portionen

1. Den Reis kochen.
Das Rezept steht auf Seite 108.

2. Die Zwiebel schälen und klein schneiden.

3. Das Öl in einer Pfanne erhitzen. Zwiebeln und gefrorenen Spinat in die Pfanne geben.

4. Zwiebel und Spinat 10 Minuten bei mittlerer Hitze dünsten.

5. Alles in eine Auflauf-Form geben.

6. Den Lachs waschen und mit Küchen-Papier abtupfen.
Den Lachs auf den Spinat legen.

7. Zitronen-Saft, Salz und Pfeffer auf den Fisch geben.

8. Die Tomaten waschen und in Scheiben schneiden.
Die Tomaten-Scheiben auf den Fisch legen.

9. Im Backofen bei 200 Grad etwa 30 Minuten garen.

10. Lachs, Spinat und Reis auf Teller verteilen.

Penne mit Brokkoli-Lachs-Sauce

Zutaten:

150 Gramm Nudeln (zum Beispiel Penne)
200 Gramm Lachs
300 Gramm Brokkoli
1 Zwiebel
1 Knoblauchzehe
1 Esslöffel Oliven-Öl
2 Esslöffel Schmand oder Sauerrahm
1 Teelöffel Curry-Pulver
1 Teelöffel Salz
Pfeffer

2 Portionen

1. Die Nudeln kochen.
Das Rezept steht auf Seite 97.

2. Zwiebel schälen und klein schneiden.
Knoblauch schälen und klein schneiden.

3. Brokkoli waschen und die Röschen abschneiden.

4. Brokkoli für 5 Minuten in Salzwasser kochen.

5. Brokkoli abgießen.

6. Lachs waschen und abtupfen.
Die Haut entfernen und den Fisch klein schneiden.

7. Öl in einer Pfanne erhitzen.
Zwiebeln und Knoblauch in die Pfanne geben.
Sie sollen glasig sein.

8. Brokkoli auch in die Pfanne geben.

9. Lachs dazugeben und vorsichtig umrühren.

10. Curry, Salz und Pfeffer dazugeben.
Vorsichtig umrühren.

11. Schmand dazugeben und vorsichtig umrühren.

12. Die Sauce 10 Minuten weiter kochen.
Dann die Nudeln zusammen mit der Sauce auf Teller geben.

Nudeln mit Thunfisch-Tomaten-Sauce

Zutaten:

150 Gramm Nudeln
2 kleine Dosen Tomaten
1 Glas Kapern
1 Dose Thunfisch (ohne Öl, in Wasser)
1 Zwiebel
1 Knoblauch-Zehe
1 Esslöffel Öl
Salz
Pfeffer

2 Portionen

1. Die Nudeln kochen und abseihen.
Das Rezept steht auf Seite 97.

2. Zwiebel schälen und klein schneiden.

3. Knoblauch schälen und durch die Knoblauch-Presse drücken.

4. Öl in einer Pfanne erhitzen.

5. Zwiebeln und Knoblauch im Öl glasig werden lassen.

6. Dosen-Tomaten öffnen und in die Pfanne geben.

7. Die Dose Thunfisch öffnen, den Saft durch ein Sieb abgießen. Den Thunfisch in die Pfanne geben.

8. Kapern durch ein Sieb abgießen und auch dazugeben.

9. ½ Teelöffel Salz und Pfeffer dazugeben.

10. Nudeln und Sauce auf Tellern anrichten.

Pizza mit Spinat und Schafskäse

Zutaten:

1 Packung frischer Pizza-Teig
1 Packung passierte Tomaten mit Kräutern (250 Gramm)
1 Zwiebel
1 Knoblauch-Zehe
250 Gramm Spinat (tiefgefroren)
100 Gramm Schafskäse
1 Esslöffel Oregano
1 Esslöffel Oliven-Öl

2 Portionen

1. Pizza-Teig auf einem Back-Blech ausrollen.

2. Tomaten und Oregano darüber verteilen.

3. Zwiebel schälen und klein schneiden. Knoblauch schälen und klein schneiden.

4. 1 Esslöffel Öl in die Pfanne geben.

5. Zwiebeln und Knoblauch in die Pfanne geben. Im Öl glasig dünsten.

6. Spinat dazugeben und umrühren.

7. Spinat und Zwiebeln 10 Minuten dünsten. Immer wieder umrühren.

8. Die Mischung auf den Tomaten verteilen.

9. Schafskäse in Würfel schneiden. Die Würfel über den Spinat geben.

10. Backofen auf 200 Grad vorheizen.
Die Pizza 20 Minuten backen.

Lieblings-Pizza selbst gestalten

Viele verschiedene Zutaten können Pizza-Belag sein. Zum Beispiel:

- Pilze
- Schinken
- Paprika
- Zwiebeln
- Thunfisch
- Mozzarella
- Tomaten

Man kann sie mischen je nach Geschmack, so hat jeder seine eigene Lieblings-Pizza!

Gemüse-Pizza

Zutaten:

1 Packung frischer Pizza-Teig
1 Packung passierte Tomaten (250 Gramm)
1 Dose Mais
1 Kopf Brokkoli
100 Gramm geriebener Pizza-Käse
1 Esslöffel Oregano
1 Teelöffel Salz

2 Portionen

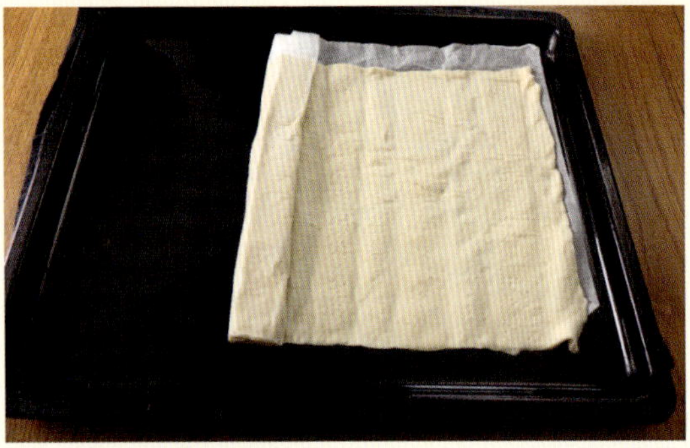

1. Pizzateig auf einem Back-Blech ausrollen.

2. Passierte Tomaten auf dem Teig verteilen.
Oregano auf den Tomaten verteilen.

3. Brokkoli waschen und die Röschen abschneiden.

4. Brokkoli in einen Topf mit Salz-wasser geben.
5 Minuten kochen und dann abgießen.

5. Die Dose Mais öffnen, Wasser abgießen. Brokkoli und Mais auf die Pizza geben.

6. Alles mit Pizza-Käse bestreuen. Den Backofen auf 200 Grad vor-heizen und die Pizza 20 Minuten backen.

Flamm-Kuchen mit Zwiebeln und Schinken

Zutaten:

1 Packung frischer Flammkuchen-Teig
3 Esslöffel Schmand
100 Gramm Schinken-Würfel
2 Zwiebeln
1 Bund Schnittlauch

2 Portionen

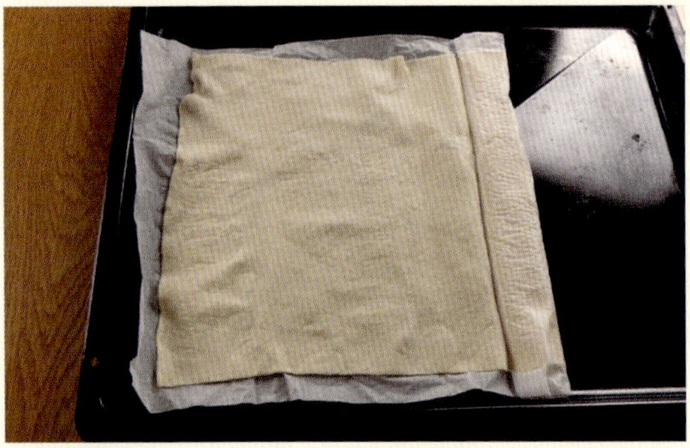

1. Flammkuchen-Teig auf einem Back-Blech ausrollen.

2. Den Schmand auf dem Teig verteilen.

3. Zwiebeln schälen und in Ringe schneiden.

4. Zwiebel-Ringe auf dem Schmand verteilen.
Schinken-Würfel darauf geben.

5. Den Backofen auf 200 Grad vorheizen. Den Flamm-Kuchen 15 Minuten backen.

6. Den Flamm-Kuchen aus dem Ofen nehmen. Schnittlauch klein schneiden und auf dem Flamm-Kuchen verteilen.

Eis heiß

Zutaten:

200 Gramm Vanille-Eis

300 Gramm Tiefkühl-Himbeeren

1 Esslöffel Zucker

2 Portionen

1. Die Himbeeren in einen Topf geben.

2. Den Zucker dazugeben.

3. 1 Viertel-Tasse Wasser in den Topf geben.

4. Die Himbeeren auf mittlerer Flamme erwärmen.
Immer wieder vorsichtig umrühren.

5. Eis auf Teller geben.

6. Die heißen Himbeeren darüber geben.

Pfannkuchen

Zutaten:

100 Gramm Mehl
¼ Liter Milch
1 Prise Salz
1 Teelöffel Zucker
1 Päckchen Vanille-Zucker
3 Eier
1 Esslöffel Öl
100 Gramm Apfelmus
1 Teelöffel Zimt
2 Esslöffel Zucker

2 Portionen

1. Das Mehl in eine Schüssel geben.

2. Milch, Salz, Zucker und Vanille-Zucker dazugeben.
Alles zu einem Teig verrühren.

3. Die Eier dazugeben und unterrühren.

4. Öl in einer Pfanne erhitzen.
1 Suppenkelle Teig darauf geben.

5. Pfannkuchen auf einer Seite goldbraun backen. Dann mit einem Pfannenheber umdrehen.

6. Den Pfannkuchen von der anderen Seite auch goldbraun backen.

7. Den fertigen Pfannkuchen auf einen Teller legen. Einen weiteren Pfannkuchen backen.

8. Apfelmus zum Pfannkuchen geben.

9. 1 Teelöffel Zimt und 2 Esslöffel Zucker mischen.

10. Zimt und Zucker über den Pfannkuchen geben.

Rezept-Verzeichnis